SAINT BENOIT

PROTECTEUR DE LA FRANCE

PROPRIÉTÉ RÉSERVÉE

SE VEND A SAINT-BENOÎT-SUR-LOIRE (LOIRET)
CHEZ LES RR. PP. BÉNÉDICTINS
AU PROFIT DE LA BASILIQUE OU REPOSE LE CORPS
DU PATRIARCHE DÉS MOINES D'OCCIDENT

Prix : 50 cent.

TOURS

IMPRIMERIE A. MAME ET FILS

1879

SAINT BENOIT

PROTECTEUR DE LA FRANCE

PROPRIÉTÉ RÉSERVÉE

SE VEND A SAINT-BENOÎT-SUR-LOIRE (LOIRET)

CHEZ LES RR. PP. BÉNÉDICTINS

AU PROFIT DE LA BASILIQUE OU REPOSE LE CORPS

DU PATRIARCHE DES MOINES D'OCCIDENT

Prix : 50 cent.

TOURS.

IMPRIMERIE A. MAME ET FILS

1879

INTRODUCTION

L'illustre cardinal Baronius, arrivant dans ses annales à l'année 1029, jette un coup d'œil sur la nation des Francs, sur ce royaume si longtemps florissant, le plus beau, disait-on jadis, après le royaume du ciel; et il se demande sur quelles bases a pu être fondé un si bel empire. Écoutons sa réponse; elle est digne d'être gravée en lettres d'or sur tous les monuments nationaux de notre patrie :

« Considérez bien, nous dit-il, les bases sur lesquelles les fondateurs de la grande nation des Francs ont établi ce splendide édifice. Sachant que pour soutenir un empire et le sauver contre les attaques de ses ennemis, l'amitié et la protection des saints valent mieux que la force des armes, les chefs de la troisième dynastie avaient choisi pour amis et protecteurs spéciaux la bienheureuse Vierge Marie, le patriarche des moines saint Benoît, saint Martin, saint Aignan, les glorieux martyrs du Christ, saint Corneille et saint Cyprien, saint Denys et sainte Geneviève. »

Parmi les anges tutélaires de notre patrie, il en est un, comme on le voit, qui, après la mère de Dieu, brillait jadis aux yeux de tous les Français d'un éclat spécial. Écoutons encore Baronius :

« Les chefs de la troisième dynastie, ajoute le célèbre annaliste, avaient une dévotion plus particulière envers saint Benoît. Voici un fait qui le prouve ; il est raconté par Helgaud, historien sincère. Hugues Capet, se trouvant sur son lit de mort, appela près de lui son fils Robert pour lui faire connaître ses dernières volontés. Le jeune prince s'étant avancé, les larmes aux yeux :
« Mon fils, lui dit ce bon père, mon cher enfant,
« je t'en conjure par la sainte et adorable Tri-
« nité, ne suis pas les conseils des flatteurs qui
« voudront te corrompre. . . . .
« . . . .
« Puis il est une chose que je te recommande
« par-dessus toutes les autres, c'est que tu aies
« une dévotion spéciale pour le glorieux saint
« Benoît. En lui, tu trouveras un port tranquille
« et assuré au milieu des tempêtes et des agita-
« tions de ce monde ; et, après ta mort, il sera
« ton asile et ton refuge, si tu as soin ici-bas
« de ne point te séparer de lui. »

Après avoir cité ces belles paroles de Hugues Capet mourant, le cardinal Baronius jette sur l'avenir un regard prophétique; et, comme s'il eût prévu une époque où la France oublierait ses puissants protecteurs, il laisse un instant le style plein de calme qui le distingue pour prendre le ton inspiré de l'apôtre et du prophète, et, s'adressant à tous ses lecteurs, mais particulièrement aux Français, il s'écrie :

« Avez-vous compris, pieux lecteur, sur quoi se trouvent affermies et consolidées les bases de ce royaume si florissant? Les saints, tels sont les fondements sur lesquels il repose. Aussi peut-on à bon droit dire de la France ce qui est écrit dans nos saints Livres : « *Fundamenta ejus in* « *montibus sanctis.* Cet empire a ses fondements « dans les montagnes saintes. » C'est encore à la France qu'on peut justement appliquer cette parole du saint Évangile : « Jusqu'à présent elle a « tenu bon contre tous les assauts réunis des « vents et des tempêtes. Les fleuves déchaînés se « sont rués contre elle ; mais, comme une maison « bâtie sur la pierre, elle est restée debout.» Toujours la France y restera, si les fondements qui la soutiennent demeurent à leur place. Mais si, par malheur (que Dieu ne le permette pas), les bases saintes sur lesquelles repose cette nation viennent à être rejetées, et si la dévotion à ses saints protecteurs vient à être ébranlée dans les cœurs de ses enfants, alors la France peut être certaine d'une chose, c'est qu'elle tombera[1]. »

Telles sont les paroles prophétiques du grand cardinal Baronius.

S'il en est ainsi, n'est-ce pas une œuvre toute patriotique, dans les temps malheureux que nous traversons, de réveiller la dévotion de la France catholique envers ses saints protecteurs?

Qu'on nous permette, dans cet humble opuscule, d'attirer l'attention du lecteur sur le glorieux Patriarche des moines d'Occident, saint Benoît.

---

[1] Vidisti, lector, secundùm illud Job : super quo bases illius regni solidatæ sunt : nempè sanctos, ut de eo dici jure possit : Fundamenta ejus in montibus sanctis. Et eidem Evangelicum illud aptari, quòd steterit hactenùs contrà diversos impetus procellarum, ventorum et fluminum, quòd fundata sit domus ista supra petram, *permansura semper, si benè collocata fundamenta persistant, casura tunc certò, si positæ bases sanctæ (quod Deus avertat), à fundamentis impiè revellantur.* (BARONIUS, *Annal. Ecclesiastic. Christ.*, 1029.)

SAINT BENOIT

PROTECTEUR DE LA FRANCE

I

SERVICES RENDUS AU MONDE, ET A LA FRANCE EN PARTICULIER, PAR SAINT BENOIT

Au dire du cardinal Baronius, déjà cité plus haut, il est une chose qui frappe d'admiration l'historien, lorsqu'il arrive à la fin du ve siècle après Jésus-Christ. C'est la Providence toute maternelle de Dieu, qui voulut alors venir en aide à son Église et pourvoir à ses besoins en faisant naître saint Benoît. A cette époque, l'Italie, les Gaules, l'Espagne, l'Afrique se trouvaient envahies par les Goths et les Vandales, infectés du venin de l'arianisme. L'Orient presque tout entier était lui-même en proie aux hérésies. « Or dans l'obscurité d'une nuit si affreuse, au milieu de ténèbres si épaisses, voilà que commence à briller une lumière céleste, qui un jour éclairera de ses rayons l'univers catholique tout entier. Cet astre, dont les splendeurs illumineront l'Église, c'est saint Benoît. » (BARONIUS, ann. 494.)

Et, en effet, qui donc sauva l'Europe ravagée au
Vᵉ et au VIᵉ siècle par les barbares du Nord, sinon saint
Benoît et ses enfants? La France eut alors sa part
des bienfaits communs. Mais quand, au VIIᵉ siècle,
le grand Législateur des moines d'Occident choisit les
Gaules pour sa nouvelle patrie [1] et persista, malgré
les efforts réunis des rois et des papes, à rester au
milieu des Francs, c'est qu'il voulait en devenir l'ange
tutélaire. Dès ce moment, on recourut à son patro-
nage, particulièrement au milieu des périls et des
dangers de la patrie. Et lorsque, après le règne si glorieux de Charlemagne, les Normands se déchaînèrent
contre le gigantesque empire qu'il avait fondé, si
Hugues le Grand parvint à remporter sur eux une
victoire éclatante, et si les Normands se convertirent
enfin à la foi catholique, ce fut grâce à la puissante
intercession de saint Benoît.

C'est le docte Mabillon qui dans cette matière va
nous servir de guide : « Déjà depuis longtemps, dit-il,
les Normands infligeaient au royaume des Francs de
nombreuses défaites. En 877, à la mort de Charles le
Chauve, qui fît tant de fois avec eux des traités con-
stamment violés, les barbares reprirent courage, et,
ne trouvant au sein de notre pays qu'une faible résis-

____

[1] *Floriacum, monasterium sancti Benedicti ad Ligerim, vallis
aurea Floriacensis* (Fleury, Saint-Benoît-sur-Loire, le val d'or
de Fleury), telles sont les expressions dont se servent indifférem-
ment les auteurs du moyen âge, pour désigner le monastère et
la contrée où repose en France, au diocèse d'Orléans, le corps
du glorieux Patriarche des moines d'Occident. Depuis 1865, les
fils de saint Benoît, rappelés par Mᵍʳ Dupanloup, de pieuse et
vénérée mémoire, se trouvent de nouveau constitués gardiens de
ce dépôt sacré.

tance, ils ravagèrent sans délai nos plus belles provinces. Ils envahirent d'abord la Neustrie, pillant et massacrant sans pitié sur leur passage tout ce qu'ils rencontraient. Bientôt ils eussent mis la France entière à feu et à sang, si parmi les grands du royaume il ne se fût rencontré un homme qui, tant par ses conseils que par son courage, réprimât l'audace des hommes du Nord et détruisît la plus grande partie d'entre eux. Cet homme fut Hugues l'abbé.

« Voyons comment, grâce à la puissante intercession de saint Benoît, il vint à bout d'une entreprise si difficile.

« Les Normands, ne trouvant sur leur passage aucune résistance, arrivèrent bientôt aux portes d'Orléans. De là ils remontèrent la Loire jusqu'à Fleury, dans l'intention de piller la célèbre abbaye qui possédait le corps de saint Benoît. A cette nouvelle, les religieux se hâtent d'entasser sur des chariots ce qu'ils avaient de plus précieux, les reliques surtout de leur glorieux père, et ils se dirigent vers la Cour-Marigny [1], dans l'espérance de s'y mettre à l'abri des fureurs de l'ennemi. Les barbares, ne découvrant rien dans le monastère qui pût satisfaire leur cupidité, examinent dans quelle direction se sont enfuis les habitants du cloître, et, voyant l'empreinte encore toute fraîche que les roues de leurs chariots avaient laissée sur le sol, ils les poursuivent avec acharnement.

« Mais Dieu, protecteur de l'innocence opprimée, fit tourner ce dessein à leur perte. Pendant que les Nor-

---

[1] Petite ville du Gâtinais, où l'abbaye de Fleury avait un prieuré.

mands traquaient ainsi comme des bêtes fauves de pauvres moines, voilà que des confins de la Bourgogne survient Hugues l'abbé, avec une poignée de soldats. Parmi les officiers de cette petite armée figurait Girbold, comte d'Auxerre. Ce dernier engage le noble duc à mettre sa confiance dans la protection de saint Benoît, lui assurant que le secours de ce grand serviteur de Dieu ne fera point défaut à ses troupes. Hugues l'abbé n'hésite pas un instant; il tombe sans plus tarder sur les hommes du Nord; et, dans le val même de Fleury, il en fait un si horrible carnage que, de la nombreuse armée dont se composaient les barbares, à peine en resta-t-il un qui pût annoncer aux autres Normands l'issue du combat.

« Après cette magnifique victoire, Hugues l'abbé raconta qu'au fort de la mêlée, il avait vu saint Benoît lui-même l'assister de sa présence. De la main gauche, le vénérable patriarche tenait la bride de son cheval, et de la main droite, armée d'un bâton pastoral, il renversait sur son passage tous les Normands qui s'offraient à lui. » (MABILLON, *Annal. Benedict.*, ann. 878.)

Pour ne pas arrêter trop longtemps le lecteur sur des faits du même genre, nous passerons sous silence quelques autres événements dans lesquels le glorieux Patriarche des moines prit une part des plus actives, la mort si tragique, par exemple, d'un chef normand connu sous le nom de Raynald.

Nous en avons dit assez pour faire comprendre la crainte salutaire que devait inspirer aux barbares le nom d'un saint qui, à lui seul, exterminait des armées tout entières. Aussi les auteurs contemporains nous apprennent que bientôt le bienheureux Benoît fut dans les Gaules celui de tous les saints que les Normands vénérèrent le plus [1]. Cette crainte salutaire devint pour eux le commencement de la sagesse, et pour notre patrie une occasion de salut.

La France, en effet, devait être sauvée, non point par l'extermination de ses ennemis, mais par leur conversion à la foi de Jésus-Christ. Ici encore, dans cette œuvre beaucoup plus difficile que la destruction par le fer et le feu, voyons la part glorieuse qui échut à saint Benoît.

Tout le monde connaît le fameux Rollon, depuis Robert, duc de Normandie. Ce farouche vainqueur inspirait à cette époque dans les Gaules la même terreur que jadis en Italie le célèbre Totila.

En 911, sous les ordres de cet implacable ennemi, notre patrie vit se préparer contre elle une invasion plus redoutable encore que toutes celles qui l'avaient précédée. Si la France eût dû périr, c'était bien alors sous les coups de ce féroce conquérant. « La plume, dit le docte Mabillon, se refuse à décrire toutes les ruines que notre pays, durant cette triste année, vit s'accumuler de toutes parts. Quel carnage, grand Dieu! quelle désolation! Les hommes étaient massacrés comme de vils animaux. Les bourgs, les villages, les monastères, les temples du Seigneur, tout ce qu'il y a de plus sacré ici-bas devenait la proie des flammes. Rien ne pouvait trouver grâce devant ces

---

[1] Addidit Aymoinius hanc de Nortmannis et Raynaldo cœlestem ultionem, eorum adeò repressisse temeritatem ut sanctum Benedictum deinceps præ cæteris Galliæ sanctis reveriti sint. (MABILLON, *Annal. Benedict.*, ann. 909.)

terribles vainqueurs...; que dis-je cependant?... Bientôt, en remontant la Loire, selon sa coutume, Rollon arrive dans le val d'or de Fleury, en face du monastère et du tombeau de saint Benoît.... Que se passat-il alors entre le barbare et le patriarche des moines? Nous voici arrivés devant un fait de nos annales qu'il n'est pas sans intérêt de considérer avec attention.

Ce n'était pas la première fois qu'un barbare et notre saint se trouvaient en présence. Saint Grégoire le Grand, dans ses dialogues, raconte avec un charme inimitable l'entrevue qu'eut un jour pendant sa vie le vénérable Benoît avec Totila, le fléau de l'Italie. Tout le monde sait comment il abattit à ses pieds ce redoutable conquérant pour adoucir et transformer ensuite sa nature farouche et sauvage. Dès ce moment, le roi des Goths montra partout une douceur et une modération qui n'étaient point dans son caractère.

L'histoire ne nous dit pas que saint Benoît ait obtenu la conversion entière et complète de Totila. Mais ce qu'il n'avait point fait pendant sa vie, il devait le faire après sa mort. Lui-même, en effet, n'avait-il pas prédit à ses enfants qu'il serait plus utile au monde après son trépas qu'il ne l'avait été de son vivant?

Voyons, en effet, la transformation qui s'opéra dans Rollon à partir du jour où il se trouva en contact avec les reliques sacrées du glorieux patriarche.

D'abord, il ordonne à ses troupes d'épargner le monastère de saint Benoît. Puis, comme du val de Fleury il continuait sa marche vers la province de Sens, à peine est-il arrivé aux portes de cette contrée qu'il fait à ses soldats la défense expresse d'y exercer le moindre ravage par respect pour le patriarche des moines [1].

C'en était fait, notre patrie allait enfin respirer. L'œuvre de la conversion sincère des Normands était commencée.

C'est alors que les Francs, réduits à la dernière extrémité par cette terrible invasion, offrirent à Rollon des propositions de paix. Non seulement Rollon accepta et jura la paix qu'on lui offrait, mais, en outre, il promit de se convertir à la foi chrétienne, et de recevoir le baptême, ce qui arriva peu de temps après.

La conversion du chef, dit Mabillon, à qui nous avons emprunté tous ces récits, fut suivie de celle des autres Normands, et bientôt, pleins de reconnaissance envers saint Benoît, ils mirent autant de zèle à rebâtir ses monastères détruits et même à en construire de nouveaux qu'ils en avaient mis auparavant à les renverser et à les piller.

II

LES ROIS DE FRANCE AU TOMBEAU DE SAINT BENOIT

Après les événements que nous venons de raconter, on comprend quelle dévotion durent avoir envers le législateur des moines d'Occident les rois de la troi-

---

[1] Videns autem Rollo monasterium sancti Benedicti illud contaminare noluit nec prædari provinciam Senonis propter sanctum Benedictum permisit. (*Gestes des ducs de Normandie,* par Dudon, doyen de Saint-Quentin, liv. II.)

sième race. C'est en travaillant de concert avec ce grand saint que leurs ancêtres étaient parvenus à soumettre et à dompter les Normands. On comprend pourquoi Hugues Capet mourant le recommande en termes si vifs et si pressants à son fils Robert. Du reste, ce culte envers saint Benoît que le chef de la dynastie capétienne transmettait sur son lit de mort comme un précieux héritage à ses descendants, il l'avait recueilli lui-même des rois ses prédécesseurs. En effet, dès le jour où saint Aygulphe, moine de Fleury, se fut, sur l'ordre de saint Mommole son abbé, transporté en Italie pour y ravir pieusement le corps du glorieux patriarche, nos rois virent dans la translation de ces reliques sacrées des événements si extraordinaires qu'ils ne tardèrent pas à reconnaître dans ce grand serviteur de Dieu un ange tutélaire que le ciel leur envoyait pour la défense et le salut de la patrie. Aussi, à partir du viie siècle jusqu'à Philippe le Bel, c'est-à-dire tant que la monarchie française resta fidèle à sa mission, il serait difficile de citer un roi de France qui n'ait pas visité le tombeau de saint Benoît, ou qui du moins n'ait pas comblé de ses faveurs l'abbaye privilégiée qui possédait un si précieux trésor.

Quelques-uns de nos souverains, entre autres Louis le Pieux, Charles le Chauve, Robert, Philippe Ier et son fils Louis VI, avaient établi à Fleury, près du tombeau de leur glorieux protecteur, une résidence royale où ils aimaient à aller se reposer des fatigues de leur gouvernement.

L'un de ceux qui s'affectionnèrent le plus à saint Benoît fut Philippe Ier. Grands furent les scandales, que ce prince donna à la France durant les premières années de son règne ; mais, hâtons-nous de le dire, grand aussi fut le repentir qu'il manifesta de tous ses désordres, à la fin de sa vie.

Il écrivit alors à saint Hugues, abbé de Cluny, une lettre dans laquelle il lui faisait connaître son désir de faire pénitence et d'embrasser la vie monastique sous la règle de Saint-Benoît, afin, disait-il, de mieux fléchir la colère de Dieu qu'il avait irrité par tant de fautes.

Le saint abbé de Cluny, dans une réponse admirable qui nous est restée, félicite le prince des sincères résolutions qu'il a prises de se donner tout entier à Dieu : « Vous me demandez, lui dit-il, de vous citer l'exemple de quelque roi qui se soit fait moine. Quand nous ne serions certains d'aucun autre que de saint Gontran[1], l'exemple de ce roi de France, qui renonça à toutes les vanités du siècle pour embrasser l'état monastique, devrait vous suffire. Imitez-le ; ce sera le moyen d'être véritablement roi. Que la mort funeste de deux princes vos voisins, de Guillaume, roi d'Angleterre, et de l'empereur Henri IV, vous inspire une salutaire frayeur. Hélas ! qui peut savoir ce qu'ils souffrent à présent ? C'est pourquoi, aimable prince, prenez une bonne résolution et faites une sincère pénitence. Mais où la ferez-vous mieux que dans l'état monastique ? Saint Pierre et saint Paul, les juges des empereurs et des rois, sont prêts à vous recevoir dans leur maison. Nous vous y traiterons en

---

[1] Il doit y avoir ici une erreur de copiste, qui aura écrit *Gontran* pour *Carloman*, car saint Hugues de Cluny ne pouvait ignorer que le roi Gontran était mort sur le trône.

roi. Nous prierons le Seigneur que si, pour son amour, de roi vous vous faites moine, il daigne de moine vous faire roi, pour régner avec lui, non dans un coin de la terre, mais dans la vaste étendue des cieux. » (ROHRBACHER, *Histoire de l'Église*, t. XV, p. 27.)

La mort, qui s'avançait à grands pas, ne permit point à Philippe Ier de réaliser son pieux dessein. C'est alors que, craignant de n'avoir pas fait encore une pénitence digne de ses fautes, il se tourna avec une confiance toute filiale vers le chef et le patriarche des moines, saint Benoît. Qu'il est beau de voir ce roi pénitent entouré des grands de sa cour, de ses amis, de son fils Louis, et de l'entendre dicter ses dernières volontés ! Ses paroles sont un écho fidèle du testament de Hugues Capet. « Mes amis, leur dit-il, je sais que la sépulture des rois de France est auprès du tombeau du martyr saint Denys. Mais je me sens accablé par le poids de fautes si graves, que je n'ose être enseveli près du corps d'un si grand saint. Je crains, à cause de mes péchés, d'être livré à Satan... Mais j'ai pour saint Benoît la plus tendre affection. C'est un père plein de bonté. Il reçoit favorablement tous les pécheurs qui s'adressent à lui et qui désirent sincèrement se réconcilier avec Dieu par les travaux de la pénitence. Je le supplie et le conjure donc de vouloir bien me recevoir près de lui. Mon désir est d'être enseveli dans l'église où repose son corps, sur les bords de la Loire. »

Telles furent les dernières volontés de Philippe Ier, roi de France. Louis VI les accomplit fidèlement, et, dès que son père fut mort, il se fit un devoir de transporter son corps à Fleury, près du tombeau de saint Benoît.

Le convoi funèbre qui accompagna les restes du monarque offrit alors à la France une scène incomparable, l'un de ces spectacles profondément religieux qui n'appartiennent qu'au moyen âge. Le corps du roi, dit la chronique, renfermé dans une litière couverte d'étoffes précieuses, mais d'un aspect sombre et lugubre, fut porté tout le long du chemin sur les épaules des seigneurs de la cour, depuis Melun jusqu'à Fleury.

Louis VI, donnant alors à tous un exemple de piété filiale qu'une foi vive pouvait seule inspirer, suivit le convoi funèbre, tantôt à pied, tantôt à cheval. Le plus souvent, il soutenait lui-même le cercueil de ses mains royales, tant afin de soulager ceux qui le portaient que pour témoigner l'affection et la tendresse dont il était animé envers son père.

Lorsque le cortège arriva sur le territoire de Fleury, les moines de l'abbaye le reçurent avec tous les honneurs dus à un roi de France. Ils célébrèrent l'office des morts, et le corps fut descendu dans un caveau, sorte de fosse en pierre préparée au milieu du chœur des religieux. Au-dessus du caveau on plaça une pierre tombale sur laquelle Philippe Ier est représenté la couronne en tête et les bras croisés sur la poitrine. Ses cendres furent toujours respectées, et aujourd'hui encore les pieux pèlerins, en pénétrant dans la basilique où repose le corps de saint Benoît, ne peuvent voir sans attendrissement l'humble mausolée de ce roi pénitent.

III

LES PAPES AU TOMBEAU DE SAINT BENOIT

Les rois de France n'étaient pas les seuls qui aimassent à aller s'agenouiller devant le tombeau du Patriarche des moines d'Occident. Les papes eux-mêmes, lorsque le malheur des temps les obligeait à quitter l'Italie et à chercher près de la fille aînée de l'Église un refuge et un abri toujours assurés, les papes eux-mêmes se plaisaient à honorer de l'éclat de leur présence ce sanctuaire fameux, qui, au moyen âge, attirait tant de pèlerins de toutes les contrées de l'Europe.

Plus d'une fois, comme nous l'apprennent des documents authentiques, les papes et les rois s'y donnèrent rendez-vous.

La plus touchante de ces entrevues fut, sans contredit, celle qu'honora de sa présence saint Bernard, abbé de Clairvaux. Suger, qui déjà nous a transmis quelques détails sur le cortège funèbre qui accompagna le corps de Philippe Ier à Fleury, nous a laissé des particularités non moins intéressantes sur la rencontre au tombeau de saint Benoît d'un saint, d'un pape et d'un roi.

Comme nous l'apprend l'histoire ecclésiastique, Innocent II, avant d'être reconnu par la chrétienté tout entière comme pape légitime, vit s'élever contre lui un compétiteur sous le nom d'Anaclet II. Louis VI, dans un concile qui fut tenu à Étampes et dont saint Bernard devint l'oracle, reconnut publiquement et fit reconnaître en France Innocent II comme chef suprême de l'Église catholique. Non content de cet acte de soumission, il voulut aller se jeter aux pieds du vicaire de Jésus-Christ, alors résidant au monastère de Cluny. Mais Innocent II, craignant de se laisser vaincre en générosité par le roi de France, se mit en marche pour aller lui-même à sa rencontre. Le rendez-vous des deux souverains fut le tombeau de saint Benoît, à Fleury. A un fils de saint Benoît était dû le triomphe de la cause du pape légitime; quoi de plus juste que d'aller remercier Dieu au tombeau du glorieux patriarche?

Louis VI, la reine Adèle, son épouse, ses fils et toute la cour y arrivèrent les premiers. « Alors, dit le pieux historien de cette abbaye, les solitudes du Val-d'Or prirent tout à coup une animation extraordinaire. Des multitudes innombrables accouraient de tous les lieux circonvoisins. Bientôt le bruit s'étant répandu que le souverain pontife était sur le point d'arriver, le roi et la reine de France, le front ceint du diadème, vêtus avec toute cette splendeur qui relève aux yeux des peuples les majestés de la terre, s'avancèrent à la rencontre du chef de l'Église. A son approche, le roi, la reine et toute leur suite se prosternèrent avec un profond respect, et Louis VI, abaissant son front couronné devant le successeur de saint Pierre, lui baisa les pieds avec les sentiments de la foi la plus vive, et le conjura d'agréer pour sa personne sacrée l'assurance de sa tendre affection. »

Tous ensuite s'acheminèrent vers la basilique célèbre qui, aujourd'hui encore, a l'insigne privilège de posséder le corps d'un des plus grands saints dont s'honore l'Église de Dieu. Et là, prosternés le front dans la poussière devant le tombeau du glorieux patriarche, Innocent II et Louis VI remercièrent Dieu et saint Benoît d'avoir bien voulu rendre enfin la paix à l'Église.

Mais, après avoir contemplé le chef de la chrétienté et le roi de France confondus dans une même prière, n'oublions pas de jeter les yeux sur cet humble moine qui les accompagne et sur le front duquel brille déjà du plus vif éclat l'auréole de la sainteté.

Saint Bernard avait alors trente-neuf ans. Après en avoir passé quinze dans l'obscurité du cloître, donnant à ses frères l'exemple de toutes les vertus, il commençait à remplir dans l'Église cette mission providentielle qui l'a fait considérer comme un ange envoyé de Dieu pour donner la paix au monde et diriger les affaires de son siècle. Or, au début de cette carrière qui va être à chaque pas semée par de nombreux miracles, qu'il est beau de voir le pieux abbé de Clairvaux, le plus grand peut-être des enfants de saint Benoît, venir s'agenouiller au tombeau de son glorieux père, et là, près de ses reliques sacrées, puiser la lumière, la force et le courage dont il avait besoin pour être à la hauteur de la sublime mission que le ciel lui confiait !

IV

LA FRANCE AUX FÊTES SOLENNELLES DE SAINT BENOIT

Quand de tels spectacles avaient été offerts à la France catholique, on comprend quel prestige devait avoir à ses yeux un saint qui attirait ainsi près de son tombeau tout ce que la terre réunissait de grandeur, de puissance et de sainteté. Aussi, le glorieux patriarche des moines était invoqué par les peuples avec une confiance sans bornes. Avec saint Martin de Tours, il était, dans notre patrie, le grand thaumaturge au sépulcre duquel se pressaient incessamment de nombreuses caravanes de pèlerins. Lorsque arrivait surtout quelque fête du saint législateur, les chemins qui conduisent au monastère de Fleury se couvraient d'une multitude innombrable de pieux fidèles qui allaient implorer son assistance.

Tous les ans il y avait en l'honneur de saint Benoît trois fêtes principales, à savoir, le 4 décembre, le 21 mars et le 14 juillet. « Or, à ces fêtes, nous dit Aimoin, l'un des historiens de l'abbaye, on voyait accourir non seulement les habitants des campagnes, mais encore ceux des villes, et surtout la classe si honorable du clergé. De tous les points de la France accouraient aussi de nombreuses troupes de moines venant s'unir aux nôtres pour chanter la gloire et les louanges de notre saint législateur[1]. » Tous les mo-

1 Ad cujus spectanda gaudia non solùm quique pagen-

nastères du glorieux patriarche étaient ainsi repré-
sentés à son tombeau et avaient là comme une garde
d'honneur aux jours de ses solennités.

Ni les chaleurs de l'été, ni les rigueurs de l'hiver
ne pouvaient arrêter le zèle de ces âmes ferventes.
La fête même de décembre, malgré ses neiges et ses
frimas, voyait affluer de toutes parts bon nombre de
moines et d'abbés. C'est ce qu'Aimoin, déjà cité plus
haut, nous apprend dans la vie de saint Abbon, l'une
des gloires de l'abbaye de Fleury. La nouvelle de la
mort de cet illustre martyr de la discipline religieuse [1]
parvint dans son monastère au mois de décembre,
alors même qu'on se préparait à y célébrer la fête de
l'illation ou tumulation du patriarche saint Benoît.
Or, malgré le froid qui devait alors sévir, un nombre
considérable de moines et de prélats se trouvaient
réunis près du tombeau de leur glorieux père. Parmi
eux figurait saint Odilon, abbé de Cluny. Dès qu'on
apprit la mort tragique d'Abbon, une immense explo-
sion de douleur éclata dans le monastère : « Dire le
deuil et le chagrin qui alors vinrent fondre sur nous
est chose impossible, dit le pieux Aimoin ; aucune
langue humaine ne saurait les décrire. Ceux-là même
qui trouvaient pénible l'autorité d'Abbon versaient
des larmes et étaient inconsolables. Mais ce qui vint
augmenter encore notre douleur fut l'arrivée d'un

---

verùm plebs urbana honestis clericorum confluxerat personis in-
florata. Devota monachorum caterva identidem undecumque ob
lætitiam tantæ solemnitatis adventando nostris sociata, in sui
Legislatoris explebat obsequela. (*Mir. de S. Benoît*, III, 2.)

[1] Saint Abbon perdit la vie sur les bords de la Garonne, en
allant réformer un prieuré qui dépendait de l'abbaye de Fleury.

grand nombre d'abbés, accourus de toutes parts pour fêter la solennité de notre père saint Benoît. Parmi eux, nous comptions le pieux abbé de Cluny, Odilon, uni de tout temps à l'abbé de Fleury par les liens de la plus tendre charité en Notre-Seigneur. La présence de ces hôtes vénérables et l'absence de celui qu'ils espéraient trouver répandaient la tristesse dans tous les cœurs ; elle augmentait surtout la nôtre ; car, alors, nous sentions mieux que jamais la perte d'un pasteur dont les sages conseils étaient ainsi recherchés par les prélats des autres monastères. »

Sans doute, les qualités personnelles de saint Abbon étaient bien capables d'attirer dans son monastère tant de pieux personnages. Mais où l'abbé de Fleury avait-il puisé lui-même cet ascendant et ce prestige, sinon au tombeau du grand patriarche ? La gloire du fils n'était qu'un rayonnement de la gloire du père.

Une autre fête de saint Benoît, qui se célébrait avec plus d'éclat encore, non seulement à Fleury, mais dans la France entière, était l'anniversaire de la translation de ses reliques d'Italie dans les Gaules.

Un pieux chanoine d'Orléans, qui vivait au milieu du xvie siècle, étudiant la question qui nous occupe en ce moment, se mit à consulter les *Ordo* ou *Calendriers* de toutes les églises de France, pour voir jusqu'où s'étendait le culte de saint Benoît dans notre patrie ; et il constata qu'alors encore toutes les églises de France, un très petit nombre excepté, célébraient au mois de juillet la fête de la Translation du corps de saint Benoît, d'Italie dans les Gaules. C'était véritablement une fête nationale à laquelle personne ne pouvait rester étranger. Il suffit de jeter un coup d'œil sur les deux premières strophes de l'hymne qui se chantait en ce beau jour pour se persuader que de tels hommages ne pouvaient se rendre qu'à un saint qui par tous était considéré comme le père et le protecteur de la patrie. C'est un appel fait à la France entière d'unir sa joie à celle des enfants du grand patriarche :

> Claris conjubila, Gallia, cantibus ;
> Læteris Benedicti patris ossibus :
> Felix, quæ gremio condita proprio
>   Servas membra celebria.

> Miris Italiæ fulserat actibus ;
> Gallos irradiat corpore mortuus ;
> Signis ad tumulum crebriùs emicat,
>   Illustrans patriam novam.

« O France, réjouis-toi, donne à tes louanges et à ta jubilation autant d'éclat qu'il te sera possible. Quel bonheur pour toi de posséder les ossements du patriarche Benoît ! Oui, tu es heureuse de conserver dans ton sein les membres de cet homme illustre dont la célébrité est connue par toute la terre.

« En Italie, de son vivant, d'admirables actions le firent briller aux yeux de tous ; maintenant qu'il est mort, ce sont les Gaules qui sont illuminées des rayons de son corps sacré. Chaque jour à son tombeau que de miracles éclatants ! C'est ainsi qu'il rend plus illustre encore sa nouvelle patrie. » (Hymne composée par Pierre le Vénérable, abbé de Cluny.)

V

LES ÉVÊQUES ET LES ÉTUDIANTS AU TOMBEAU DE SAINT BENOIT

A côté des enfants du glorieux patriarche figuraient toujours, lors de ses fêtes solennelles surtout, des évêques en grand nombre. Plusieurs fois même, ils y tinrent des conciles dans lesquels on délibéra sur les graves intérêts de l'Église et de la patrie.

Ainsi en 843, sous le règne de Charles le Chauve, cinquante prélats, à savoir sept archevêques, trente-deux évêques et onze abbés se réunirent dans le val d'or de Fleury, à une faible distance du monastère de ce nom. Au sein d'une vaste prairie, sillonnée par des ruisseaux, se trouvait une église qui subsiste encore et que le célèbre Théodulphe, abbé de Saint-Benoît-sur-Loire, avait fait construire sur le plan de la fameuse basilique d'Aix-la-Chapelle [1]. Ce lieu était admirablement choisi pour une réunion d'évêques. Tout y respirait le calme et la solitude. Là, nous dit le docte Mabillon, les prélats délibérèrent sur les affaires de l'Église et de l'État, et surtout sur les moyens de porter secours à l'ordre monastique affaibli et mis en péril par les invasions chaque jour croissantes des Normands.

[1] Aujourd'hui même, le village bâti depuis autour de cette église porte le nom gracieux de Germigny-des-Prés.

Plus tard, sous le règne de Louis VI, nous trouvons deux autres conciles qui se tinrent dans l'abbaye même de Fleury. Le dernier (1110) fut présidé par Richard, évêque d'Albano et légat du saint-siège. Daimbert, archevêque de Sens, Rodulphe, archevêque de Tournay, Léger, archevêque de Bourges, avec tous leurs suffragants et les abbés de leurs diocèses y assistaient.

Mais il est un autre fait qui prouve mieux encore l'antique dévotion de la France catholique envers le glorieux patriarche saint Benoît. C'est le soin que prirent de temps immémorial nos souverains et nos évêques d'entretenir, près du tombeau du saint législateur, des écoles où, pendant de longs siècles, fut élevée l'élite de la jeunesse française. En effet, dès l'époque la plus reculée, nous y trouvons un collège de nobles (*collegium nobilium*) dont il est question en 885 dans une bulle du pape Jean VIII.

« Les rois Louis le Débonnaire et Charles le Chauve, dit M. l'abbé Rocher, ne sauraient être regardés comme les premiers fondateurs de cet établissement; ils en approuvèrent l'institution, en encouragèrent les progrès, l'enrichirent et le prirent sous leur protection ; mais évidemment il faut en faire remonter la première origine au règne de Charlemagne, à la fin du viiie siècle. Ce grand génie, dont le regard embrassait le présent et l'avenir et dont les sollicitudes s'étendaient à tout, soit dans l'Église, soit dans l'État, après avoir réveillé le zèle des évêques et des prêtres pour les écoles instituées dans l'intérêt particulier de la religion, voulut plus encore ; il voulut des écoles ouvertes même à ceux qui, dans la vie civile et militaire, devaient un jour remplir quelques charges, quelques fonctions. »

Il ne serait point téméraire d'affirmer que ce fut pour réaliser ce projet et fonder près du tombeau de saint Benoît une école pour les fils de ses leudes, que Charlemagne mit à la tête de l'abbaye de Fleury le moine le plus savant de son siècle, l'immortel Théodulphe, plus tard évêque d'Orléans.

Quoi qu'il en soit, ces écoles du Val-d'Or ne firent que prospérer et s'accroître avec la dévotion des Francs au grand thaumaturge des Gaules ; et un jour vint où le saint patriarche vit se réunir autour de son tombeau plus de cinq mille étudiants accourus de toutes les contrées de la France et de l'Europe : « Quel spectacle, nous écrierons-nous ici avec l'illustre évêque d'Orléans, dont la France et l'Église déplorent la perte, quel spectacle admirable se présente à mes yeux ! Je vois surgir sur les bords de la Loire, dans un rapide parcours, en trois stations à jamais célèbres trois des plus grandes et des plus saintes choses qui soient au monde. Je veux dire la prière, le travail et la science : la prière des cœurs purs, le travail des mains libres et la science des intelligences bénies de Dieu, ces trois choses qui ont fait la civilisation européenne et par lesquelles la France a marché la première, reine du monde civilisé....

« Si je remonte à l'Orient, vers les montagnes où la Loire prend sa source et d'où elle descend jusqu'à nous, je rencontre Fleury, et là je vois saint Benoît, puis Théodulphe plantant, au milieu des champs et des fleurs que la Loire arrose, l'arbre béni de la science chrétienne. Je vois l'une des plus glorieuses métropoles intellectuelles du moyen âge, cinq mille écoliers accourus de toute l'Europe pour y puiser aux sources vives de la sagesse éternelle. » (Mgr Du- panloup.)

VI

LES PAUVRES, LES MALADES ET LES ÉTRANGERS AU TOMBEAU DE SAINT BENOIT

Après avoir passé en revue au tombeau du glo- rieux patriarche toutes les dignités de la terre, nous manquerions à notre devoir, si nous n'y faisions point paraître aussi les pauvres, les petits, les malades, les affligés et les infirmes. Ces dernières classes sur- tout, qui seront toujours les plus nombreuses dans l'humanité, trouvaient une large part à ce banquet des bienfaits divins auquel le puissant thaumaturge sem- blait convier tous ceux qui avaient recours à lui. De pieux écrivains, choisis parmi les religieux les plus éclairés et les plus instruits dans cette abbaye même où se passèrent tant de merveilles, nous ont conservé, de siècle en siècle, le récit des principaux miracles opérés par saint Benoît pour soulager les malheureux qui avaient confiance en sa protection.

Qu'il nous soit permis de mettre sous les yeux de nos lecteurs un seul de ces prodiges. Il suffira pour leur donner une idée du concours qui se faisait alors au tombeau du saint patriarche et aussi des faveurs qui venaient récompenser la foi ardente de ces chré- tiens d'un autre âge.

La scène que nous allons décrire, se passait au temps où saint Odon était abbé de Fleury. Laissons parler l'auteur même de sa vie :

« C'était à l'une de ces fêtes solennelles de saint Benoît qui se célèbrent avec un grand concours de peuple et au milieu d'une affluence extraordinaire de pèlerins. Il y avait là en particulier une multitude considérable de personnes infirmes, affligées de diverses manières et atteintes de différentes maladies [1]. L'heure des offices arrivée, le bienheureux Odon, qui présidait alors au monastère de Fleury, en qualité d'abbé, s'avance avec dignité pour offrir l'adorable mystère. Il avait donné l'ordre à tous les pèlerins et spécialement aux malades d'assister à jeun au saint sacrifice de la messe. Déjà la foule remplissait l'église, et la prière absorbait toutes les âmes. Le vénérable abbé entonne l'hymne *Gloria in excelsis Deo*. A l'instant même, les portes de la basilique s'ébranlent avec fracas et s'ouvrent d'elles-mêmes ; les lampes du sanctuaire s'allument aussi d'elles-mêmes, et tout à coup la multitude des malades qui étaient là se trouve parfaitement guérie. A ce spectacle, une sainte frayeur s'empare des assistants. Tous sont dans l'étonnement et là stupéfaction. Alors le bienheureux Odon prend la parole et fait comprendre à cette foule ébahie que saint Benoît a voulu de cette manière manifester sa présence au milieu d'eux. Si grande alors fut la dévotion, si grande aussi fut la ferveur de la grâce qui remplissait tous les cœurs, que

[1] Intererat numerosa languentium multitudo, qui morbis diversis et variis molestiis aggravati, ad beati Benedicti suffragia promerenda, confluxerant. (*Vita S. Odonis.*)

personne ou presque personne ne put s'empêcher de verser des larmes. »

Mais ce serait peu encore, pour donner au lecteur une juste idée du pèlerinage de Saint-Benoît-sur-Loire, de lui faire contempler la France catholique au tombeau du patriarche des moines d'Occident. Avant de mettre fin à cet opuscule, il est indispensable d'y faire intervenir aussi les nombreux pèlerins qui affluaient de toutes les autres parties de l'Europe. La gloire de notre saint et les prodiges opérés à son tombeau s'étaient tellement répandus au loin que, des pays les plus reculés de l'Italie, de l'Espagne, de l'Allemagne et de l'Angleterre, on voyait accourir des âmes avides soit de recevoir des bienfaits, soit de se ranger sous la discipline du grand législateur de la vie monastique. « Il fut un temps, dit un vieil auteur anglais, Guillaume de Malmesbury, où c'était pour nos compatriotes un usage qui leur était devenu comme familier d'aller se faire moines à Fleury ; de sorte que tous ceux qui sentaient naître dans leur cœur le désir de faire le bien, s'en allaient recevoir le saint habit de la religion dans le monastère du très vénérable Benoît à qui l'Angleterre est redevable du bienfait de la foi [1]. » Saint Odon, archevêque de Cantorbéry, saint Oswald, archevêque de Worcester, saint Oscar, abbé d'Abingdon, et le vénérable Germain, abbé de Ramsey, tels sont entre autres les person-

---

[1] Apud Floriacum alteratus est in monachum S. Oswaldus, familiari per id tempus Anglis consuetudine : ut si qui boni afflati essent desiderio, in beatissimi Benedicti monasterio cœnobialem susciperent habitum, a quo Religionis hujuscemodi manavit exordium. (WILLEM MALBESB.)

nages illustres dont s'honorent tout à la fois l'Angleterre et l'abbaye de Fleury.

D'après le témoignage de l'historien Frodoard, Fleury, possesseur des restes de saint Benoît, passait aux yeux des Anglais pour la première abbaye du monde chrétien, pour celle qui représentait par excellence le souvenir de l'ordre, mieux que le Mont-Cassin, qui était trop éloigné; mieux que Saint-Martin de Tours, dont la renommée était plus exclusivement française. Fleury était placé sur la route de l'Italie; ils ne manquaient pas de s'y arrêter en se rendant à Rome, et les pélerinages y étaient très fréquents. (*Histoire de l'ordre de Cluny*, par M. Pignot.)

Aussi, à la vue de ces étrangers qui accouraient ainsi de toutes les parties du monde connu, l'un des historiens de l'abbaye ne peut résister à l'enthousiasme qui le saisit. « Quelle affluence, s'écrie-t-il, quelles troupes de pieux pèlerins affluent ici de toutes parts ! Tous, d'une seule voix, proclament et réalisent cette magnifique prédiction d'Isaïe : « Des confins de la terre nous avons entendu retentir les louanges du Juste et nous sommes venus pour être témoins de sa gloire. » — Et cette autre prophétie du Psalmiste ne s'accomplit pas moins sous nos yeux : « Un législateur se lèvera sur le monde et répandra partout sa bénédiction. »

CONCLUSION

De tous les saints protecteurs de la France que nous avons appris à connaître avec le cardinal Baronius, saint Benoît, comme nous l'avons vu, tient le premier rang après la glorieuse Vierge Marie. De plus, il est le seul dont le corps soit conservé au sein de notre pays.

Que sont devenus, en effet, les corps de saint Martin de Tours, de saint Aignan, de saint Denys et de sainte Geneviève ? Que sont devenues les cendres mêmes de leurs tombeaux ?... Hélas ! le vent des révolutions les a emportées...

Serait-ce en vain que Dieu jusqu'à ces jours a bien voulu conserver à la France, à travers mille périls et par une suite non interrompue de prodiges éclatants, les restes mortels du glorieux patriarche des moines d'Occident ?

Oh ! de quel respect, de quelle tendre affection ne devrions-nous pas entourer ces reliques sacrées et leur demander le salut dont nous avons besoin !

Chaque jour des prières ferventes s'élèvent vers le cœur adorable de Jésus et le cœur immaculé de Marie pour le salut de notre patrie ; mais si nos vœux, si nos prières à ces cœurs sacrés sont accompagnés et soutenus par la puissante intercession de nos saints protecteurs, l'ordre voulu par Dieu lui-même ne sera que mieux gardé, et nous serons plus sûrs d'obtenir ce que nous désirons tant, à savoir, le salut de la France et le triomphe de l'Église.

TABLE

SAINT BENOIT

PROTECTEUR DE LA FRANCE

SA VIE, SES RELIQUES ET SON CULTE

Introduction. — Les saints protecteurs de la France, d'après le cardinal Baronius : la très sainte Vierge, saint Benoît, saint Martin, saint Aignan, saint Denys, sainte Geneviève, etc.

CHAPITRE PREMIER

VIE DE SAINT BENOIT

I. — Sa naissance, son éducation et sa fuite au désert.

II. — Son premier miracle : un crible brisé et miraculeusement réparé.

III. — Le démon cherche à décourager notre saint en le prenant par la famine.

IV. — Un prêtre des environs de Sublac porte de la nourriture à saint Benoît.

V. — Le démon cherche à surprendre la vertu de saint Benoît.

VI. — Autre miracle de saint Benoît : le fer d'un instrument revient à son manche du fond de l'eau.

VII. — Saint Benoît fait jaillir une source d'un rocher.

VIII. — Saint Placide sauvé des eaux.

IX. — Saint Benoît fait disparaître des flammes que le démon avait allumées.

X. — Totila cherche à tromper saint Benoît.

XI. — Saint Benoît ressuscite un petit enfant.

XII. — Saint Benoît chasse un démon.

XIII. — Saint Benoît délivre un villageois enchaîné par un Goth.

XIV. — Le corbeau de saint Benoît.

CHAPITRE DEUXIÈME

HISTOIRE DES RELIQUES DE SAINT BENOIT — DIFFÉRENTES TRANSLATIONS DE SON CORPS ET SA CONSERVATION MIRACULEUSE JUSQU'A NOS JOURS.

CHAPITRE TROISIÈME

CULTE DE NOS PÈRES AU MOYEN AGE ENVERS SAINT BENOÎT

N. B. — Ce chapitre, étant la reproduction de l'opuscule qui précède, nous ne croyons pas devoir en remettre ici de nouveau l'analyse sous les yeux du lecteur.

CHAPITRE QUATRIÈME

LA DÉVOTION ENVERS SAINT BENOIT, AU XIXᵉ SIÈCLE

I. — Réveil en France de la dévotion envers le Patriarche des moines. — Témoignage du comte de Montalembert.

II. — Croix ou médaille de saint Benoît. — Son explication. — Sa propagation. — Le R. P. dom Guéranger. — Le saint homme de Tours. — M. d'Avrainville.

III. — Les grâces obtenues par l'intercession du saint Patriarche se multiplient chaque jour. — Saint Benoît, comme saint Martin, redevient en France le grand thaumaturge des siècles passés.

IV. — Effets admirables généralement attribués à la médaille de saint Benoît : guérison des maladies ; protection contre les embûches des démons ; préservation dans les dangers ; secours aux animaux utiles à l'homme, et influence sur la nature en général.

V. — Bienfaits de l'ordre temporel. — Durant la guerre de 1870, effets de la protection de saint Benoît sur les soldats qui portaient sa médaille, et sur les familles qui avaient attaché cet objet béni aux portes et aux fenêtres de leurs maisons.

VI. — Bienfaits spirituels dont saint Benoît est la source. — Conversions. — Une mission américaine née au tombeau de saint Benoît.

VII. — Conclusion et espérances.

APPENDICE

COUP D'ŒIL SUR LA BASILIQUE DE SAINT-BENOIT-SUR-LOIRE — DESCRIPTION SOMMAIRE DE SES PARTIES PRINCIPALES

I. Aspect extérieur de l'église. — II. Porte du nord. — III. Péristyle. — IV. Coup d'œil général sur l'intérieur de la basilique. — V. La nef. — VI. Les transepts. — VII. Le dôme et le clocher. — VIII. Le sanctuaire. — IX. La crypte, et, dans la crypte, le *Martyrium ou Confession*, dans laquelle repose le corps du glorieux Patriarche des moines d'Occident, saint Benoît.

9105. — Tours, impr. Mame.

9104. — Tours, impr. Mame.